Hanna Ahrens

„Guten Morgen, Frau Pfarrer!“

Ein Traumschiff und seine Menschen

BRUNNEN VERLAG GIESSEN/BASEL

ABCteam-Bücher erscheinen in folgenden Verlagen:
Aussaat- und Schriftenmissions-Verlag Neukirchen-Vluyn
R. Brockhaus Verlag Wuppertal
Brunnen Verlag Gießen (und Brunnquell Verlag)
Christliches Verlagshaus Stuttgart
(und Evangelischer Missionsverlag)
Oncken Verlag Wuppertal und Kassel

CIP-Titelaufnahme der Deutschen Bibliothek
Ahrens, Hanna:
„Guten Morgen, Frau Pfarrer!“:
ein Traumschiff und seine Menschen /
Hanna Ahrens. – 3. Aufl. – Giessen; Basel:
Brunnen-Verl., 1991
(ABC-Team; 506)
ISBN 3-7655-1506-X
NE: GT

2. Auflage 1991

Collagen: Hanna Ahrens
Umschlaggestaltung: Helmut Pfindel
Satz: Uhl + Massopust, Aalen
Herstellung: St.-Johannis-Druckerei, Lahr

Für Helen
und Klaus Donath

Herr, mein Gott, du bist sehr herrlich;
du bist schön und prächtig geschmückt.
Licht ist dein Kleid, das du anhast.
Du breitest den Himmel aus wie einen Teppich;
du baust deine Gemächer über den Wassern.
Du fährst auf den Wolken wie auf einem Wagen
und kommst daher auf den Fittichen des Windes,
der du machst Winde zu deinen Boten
und Feuerflammen zu deinen Dienern.

Herr, wie sind deine Werke so groß und viel!
Du hast sie alle weise geordnet,
und die Erde ist voll deiner Güter.
Da ist das Meer, das so groß und weit ist,
da wimmelt's ohne Zahl, große und kleine Tiere.
Dort ziehen Schiffe dahin;
da sind große Fische, die du gemacht hast,
damit zu spielen.

Es warten alle auf dich,
daß du ihnen Speise gebest zur rechten Zeit.
Wenn du ihnen gibst, so sammeln sie;
wenn du deine Hand auftust,
so werden sie mit Gutem gesättigt.

Ich will dem Herrn singen mein Leben lang
und meinen Gott loben, solange ich bin.

(Aus Psalm 104)

Inhalt

Wieder auf dem Schiff

Die Zeitungen hatten gerade aufgehört, ihre Titelseiten mit dem Unglück der „Maxim Gorki", dem „Drama im Eismeer – Danke, lieber Gott, für die Rettung!" zu füllen, als wir mit einem anderen Kreuzfahrtschiff die gleiche Route fuhren. Von Bremerhaven ging es über Schottland, die Orkney-Inseln, Island und Jan Mayen nach Spitzbergen und von dort – an der norwegischen Küste entlang – zurück. Es war Hochsommer, und ich freute mich, Spitzbergen zum ersten Mal zu sehen. Ich freute mich auf das Licht und die Farben des Nordens, auf die Mitternachtssonne und das ewige Eis.

8. Juli

Die Einschiffungsprozedur kenne ich allmählich. Nervosität und Hektik – wie immer –, bis jeder seine Kabine, sein Gepäck und vor allem den vorgemerkten Platz im Restaurant gefunden hat. Unser Schiff ist diesmal mit 640 Passagieren ganz ausgebucht. Nur langsam legt sich die Unruhe.

Als ich meine Sachen auspacke, merke ich: Bei aller Vorfreude schleicht sich auch Beklommenheit ein. Ob das Interesse an Gottesdiensten und Andachten wieder so gering sein wird wie auf der letzten Reise? Damals – vor zwei Jahren –, als wir über den Indischen Ozean fuhren, hatte ich den Eindruck: Auf einem Luxusdampfer ist Gott kein Thema. Sein Wort wird gesagt, aber es ist kein Bedarf. Kann und will Gott nur da kommen, wo Menschen in ihrer Armut nach ihm schreien? Ist Gott im Überfluß überflüssig?

Luther sagt: „Nur die Armen der Erde glauben sowohl

den Verheißungen wie den Drohungen Gottes." Aber sobald ein Mensch sagt: „Nach dir, Herr, verlangt mich!", ist er doch einer der Armen, denen die Verheißung gilt.
Ich kann nur warten und beten und wieder neu lernen, mich nicht zu sorgen. Bereit, Instrument zu sein, wenn Gott sein Lied spielen will, und es in Demut hinnehmen, wenn er es nicht tut.
Kann ich leben ohne „Erfolg"? Oder wäre mein Erfolg, daß ich Gott ganz vertraue und sonst nichts?
Von all den Superlativen des Kreuzfahrtjargons bin ich mit meiner Arbeit als Schiffs-Pastorin so weit entfernt. Durch die Bordlautsprecher wird es wieder heißen: „... der größte Gletscher..., der längste Tag..., der beste Lachs..., die fischreichsten Gewässer..., die nördlichste Stadt."
Gottes Reden geschieht leise, unaufdringlich. Und doch ist es höchste Steigerung des Lebens, wenn er spricht. Wer ihn gehört hat, kann das sein Leben lang nicht ganz vergessen. Aber im lauten Bordprogramm ist es schwer, etwas von Gott wahrzunehmen. „Du bist der Leiseste von allen", sagt Rilke.
Die Künstler, zu denen ich gerechnet werde, haben festgelegte Kabinen- und Tischplätze. Wie angenehm!
Diesmal sind es die Tische direkt vor der auf- und zuschlagenden Küchentür. Ein Vorteil: In dem sehr warmen Restaurantdeck wird uns so durch die Tür immer etwas Luft zugefächelt, wenn auch Küchenluft!
Ich sitze neben dem italienischen Sänger. Mit uns am Tisch der Zauberkünstler und seine Frau, eine bulgarische Tänzerin und ihr Begleiter. Wir stellen uns vor und wünschen guten Appetit. Der Italiener – Sänger und Kabarettist – nutzt die Chance dieser etwas müden und darum schweigend essenden Runde: Er informiert uns über seine Lebensphilosophie. „Ich sage immer – beson-

ders bei älteren Menschen: Du kannst sehen, hören, schlafen, aufstehen, essen... sei dankbar!" Ein Therapeut der Lebensfreude sei er.
Und während er weiter von seinen Plänen erzählt, denke ich: Was will *ich* eigentlich auf diesem Schiff? Ich rede ja auch von Freude. Ist Freude überhaupt zu vermitteln? Oder erlernbar? Fällt sie einem Menschen nicht als Geschenk des Himmels zu?

9. Juli

Für die Vorbereitung des ersten Gottesdienstes am folgenden Tag lese ich unter anderem in den Aufzeichnungen des englischen Theologen Oswald Chambers. Was da steht, scheint für meine Arbeit geschrieben zu sein: „Du kannst Gott nicht dienen – aber du kannst dich an jenen Platz stellen, von dem aus Gottes allmächtige Kraft durch dich wirken wird. Je schwächer du bist, um so besser. Wagst du, Gott all das für dich sein zu lassen, was er zu sein dir verheißt?"

Der Gottesdienst soll in der großen Lounge stattfinden. Auf manchen Schiffen gibt es einen Kirchensteward, der hilft, aus einem Vortrags- oder Tanzsaal einen Gottesdienstraum zu gestalten. Aber hier nicht. Also suche ich mir alles selbst zusammen. Kreuz, Kerzen und Gesangbücher trage ich aus der Kapelle in diesen großen Raum. Ein Tisch findet sich im Nebenraum, eine Tischdecke auch.
Auf der Bühne steht ein Flügel. Aber für diesen ersten Morgen an Bord konnte ich noch keinen Passagier bitten, unsere Lieder zu begleiten. Später vielleicht! Mir ist etwas beklommen zumute: In diesen grauen Sesseln haben gut hundert Menschen Platz, es sind aber nur acht

gekommen. Wir warten ein paar Minuten, dann sind es etwa dreißig. Also fangen wir an.
Parallel zum Gottesdienst läuft ein Diavortrag über das nächste Ausflugsziel: Schottland und Edinburgh. Dort im Vortragssaal ist es voll. Begreiflicherweise!
Als ich nach der Begrüßung sage: „Wir feiern unseren Gottesdienst im Namen des Vaters und des Sohnes und des Heiligen Geistes", bekreuzigen sich einige Passagiere; sie sind also katholisch.
Da auf einem Schiff – aus Sicherheitsgründen – alle Räume Lautsprecheranlagen haben, damit wichtige Meldungen von der Brücke sofort alle Passagiere erreichen, hören wir auch während des Gottesdienstes Durchsagen über Wetter, Positionsangabe und die üblichen Wünsche. Aber eine Predigt – dreimal durch Ansagen unterbrochen – verliert ihren Schwung. Es spricht sich ein wenig mühsam ohne Pult. Die Aufmerksamkeit der Gottesdienstbesucher teilt sich zwischen mir und einem Mann, der gerade jetzt die großen Fenster dieses Raumes putzt: Macht er es gut? Sieht man Streifen? Als Geräuschkulisse das gleichmäßige Ping-Pong der Tischtennisbälle auf beiden Seiten des Sportdecks.
Ich muß mich erst wieder daran gewöhnen, mit kleinen Unvollkommenheiten zu leben. Wir sind auf einem Schiff, nicht in einer Kirche.
Nach dem Gottesdienst kommt ein älteres Ehepaar zu mir. Die Frau sagt: „Früher war mal ein Kollege von Ihnen da, auch aus Hamburg. Der hat bei der Vorstellungsrunde am ersten Abend auf der Fiedel gespielt und Jeans angehabt! Er war die Seele vom Schiff!"
Ich sage: „Wie schön! Das freut mich!", finde es aber eher deprimierend, an solch einem fiedelspielenden Amtsbruder gemessen zu werden.
Die Künstler haben realistischere Erwartungen an mich. Sie sagen: „Beten Sie für uns!" Ich verspreche es. Die

Passagiere hoffen, meinetwegen von Unglück und Eisbergen verschont zu bleiben. „Was soll uns passieren? Wir haben ja Sie an Bord!"
Als wir die vorgeschriebene Übung mit den orangeroten Schwimmwesten absolvieren, sagt eine Frau: „Kein Ernstfall! Lieber Gott, bitte nicht!" und sieht mich vielsagend an.

10. Juli

Die Lautsprecherdurchsagen sind nachsichtig-freundlich. Es heißt nicht: Abfahrt 17.00 Uhr!, sondern: Unser Schiff verabschiedet sich von Granton und nimmt Kurs auf die Orkney-Inseln.
Ferienstimmung soll vermittelt werden. Überall wünscht man: „Einen schönen Tag! Schönen Abend noch!"
Nach dem 21. Mal kann ich es nicht mehr hören. Manchmal ist es nötig, sich in die Kabine zurückzuziehen.
Ich warte darauf, daß mich ein Gefühl von Einsamkeit oder Traurigkeit anfällt wie auf anderen Reisen. Aber bisher bin ich ganz entspannt und gelassen. Ich sehe Menschen und Dinge mit mehr Distanz, kritischer auch.
Der Sänger – zum Beispiel – sollte längst aufgehört haben. Aber er muß ständig beweisen, daß man auch mit fast siebzig noch faszinierend ist. Wenn er abends zwischen der Band und dem Publikum steht, der Spot auf ihn gerichtet, dann zittern seine Knie, und das Gesicht hat rote Flecke. Er schafft es nicht, seine Aufregung unter Kontrolle zu halten. Weil seine Stimme ihre Kraft verloren hat, singt er nur wenig und redet viel. Er bittet um Sympathie. Die Passagiere sind menschlicher, als er zu hoffen gewagt hat. Sie klatschen Beifall.
Der Kreuzfahrtleiter dagegen, für den diese wie jede Reise kein Traum, sondern harte Arbeit ist, der mit den

Fragen und Klagen der Passagiere menschlich umgehen muß und die Ansprüche der Künstler auf das Machbare zurückschraubt, ist ganz er selbst. Ruhig und ausgeglichen. Ich hätte ihn gern einmal gefragt, woher er die Geduld und die Kraft dafür nimmt. Aber das wäre dann noch eine weitere Frage an ihn gewesen. Er tut, was möglich ist, und verliert auch bei extravaganten Forderungen nicht die Nerven. In einer Sitzung – gleich zu Beginn der Reise –, wo Angebote und Wünsche von unserer Seite genannt werden, schafft er es, hinzuhören, Brauchbares aufzunehmen und bei Kaffee und Cognac – er selbst trinkt Saft – aus dieser Künstlerrunde von mehr als zwanzig Individualisten eine solidarische Gruppe zu machen, die sich für die Gäste verantwortlich fühlt und bereit ist, ihr Bestes zu geben.
Beim Hinausgehen kommt er auf mich zu: „Übrigens …, wenn zu Ihren Gottesdiensten nicht viele kommen, dann nehmen Sie es nicht persönlich. Es hat nichts mit Ihnen zu tun. Sehen Sie … zur Kirche gehen die Armen und Schwachen und Kranken …, die haben wir hier auf dem Schiff nicht. Ich sage es nur, damit Sie nicht enttäuscht sind."
„Danke, sehr nett von Ihnen. Wir warten das mal ab!"
Die Proben für den ersten Vorstellungsabend dauern den ganzen Nachmittag. Meine drei Begrüßungssätze müssen nicht geprobt, aber doch überlegt sein.
Am Abend kommt dann als erstes das Stück der Ballett-Tänzer: Meditation. Aber es bringt in mir keine Saite zum Klingen. Ein mittlerer ästhetischer Reiz, mehr nicht. Ihre Füße kennen die Schritte, aber sie selbst sind nicht bei der Sache. Wie man die Oberfläche eines Kunstwerks nur von innen her schaffen kann, so muß es auch beim Tanz sein. Oder es bleibt eine Abfolge von Bewegungen, die leidlich stimmen. Das Publikum applaudiert. Vielleicht bin nur ich selbst nicht in Stimmung.

Der Zaubertrick klappt auf Anhieb. Erleichterung bei uns allen, denn gerade Jean war sehr nervös. Der Volkstanz und das Begrüßungslied „Glückliche Reise" werden eher gleichmütig hingenommen. Man wartet ab. Begeisterung dann bei den Kölner Karnevalsmusikern. Sie treffen mit ihren Liedern ins Schwarze und nehmen sich selbst auf die Schippe.
Ich sehe mir das an und weiß: Bei meinen Veranstaltungen darf kein falscher Zungenschlag sein. Lieber ein Wort weniger als zuviel. Keine Show! Aber auch ich hoffe auf ein freundliches Echo.
Zu den Künstlern, die länger auf dem Schiff sind, gehört als „Alleinunterhalter" der Pianist Ali – sein bürgerlicher Name ist Alfred. Er soll für „traumhafte Stimmung" sorgen, dabei hat er Mühe, seine wäßrigen Augen offenzuhalten. Immer wieder stellt man ihm Bier und Schnäpse auf den Flügel, damit er noch einmal spielt: „Anneliese, ach Anneliese, warum bist du böse auf mich?"
Ab heute will er nicht mehr trinken, gar nichts.
Als ich ihn, der behauptet, zehntausend Melodien im Kopf zu haben, frage, ob er wohl ein paar Lieder im Gottesdienst begleiten könne, zögert er. Ob ich denn die Klaviernoten hätte?
„Nein, nur die Melodie. Aber die linke Hand können Sie doch dazu spielen!"
Schulterzucken. Etwas später sagt er: „Na klar, mach ich! Zehn Uhr? So früh? Na gut! Für dich tu ich alles!"
Der Zusammenhalt unter den „Künstlern" ist diesmal besonders gut. Wir ermutigen uns gegenseitig und applaudieren; entschlossen, keinen hängen zu lassen. Jeder hat mal einen schlechten Tag. Der Conferencier schlägt vor, den Schlußgottesdienst gemeinsam zu gestalten. Er selbst sei „sehr gläubig" katholisch, aber nicht praktizie-

rend. Er glaube an Gott. Er glaube auch an Wunder, an kleine jedenfalls.
Vor dem Mittag- und Abendessen ist Ali mit seinen Melodien dran. Zwei Stunden Musik pro Tag sind zu produzieren, dazwischen kurze Auftritte im Abendprogramm. So verdient er sein Geld. Er ißt Lachs und Kaviar, aber viel lieber wären ihm Pellkartoffeln zu Hause am Küchentisch, über dem eine Lampe hängt. Warmes Licht, keine Scheinwerfer. Was gäbe er darum, wenn seine Frau bei ihm geblieben wäre, wenn sie mit am Tisch säße und zu ihm sagte: „Nimm doch noch etwas Butter zu den Kartoffeln." Das wäre das Paradies. Dies hier ist trauriger Luxus. Aber besser als arbeitslos.
„Alle vierzehn Tage andere Künstler", sagt er, „das ist anstrengend, aber man gewöhnt sich daran. Manchmal sind nette dabei, die einem mal zuhören... bei denen man spürt: Die mögen dich, auch wenn du betrunken bist."
Ich denke an den Text aus Jesaja 43 für die nächste Andacht, in der Ali die Lieder begleiten wird. Da heißt es von Gott her: „Du bist wertgeachtet in meinen Augen. Ich habe dich lieb. So fürchte dich nun nicht. Ich kenne dich mit Namen. Du gehörst mir."
Ob er das nicht für sich hören könnte?
Aber Ali kam nicht. Er hatte wieder mal verschlafen.
Gegen zwei treffe ich ihn. Er entschuldigt sich, es täte ihm sehr leid. „Komm, trinken wir einen Kaffee in der Bar!"
Inzwischen liegen wir vor der schottischen Küste auf Reede.
Edinburgh bei Regen – alles Grau in Grau. Die Häuser geschwärzt vom Rauch der vielen Schornsteine, die dicht an dicht, schmal und streng auf den Dächern stehen – wie Figuren auf einem Schachbrett. Die Geschäfte liebenswert altmodisch.

Auf der Post versuche ich nach Deutschland zu telefonieren. Das ist langwierig und umständlich. Zuerst Schlangestehen zum Kauf einer Telefonkarte. Dann eine zweite Schlange vor der Telefonzelle. Der Zauberer ist gerade dran, aber es klappt nicht. Er hat Probleme mit der Vorwahl. Ich greife nach einem Stapel Broschüren mit dem Foto eines englisch gekleideten Thomas Gottschalk, der mit Melone und rotem Telefon zeigt, wie leicht es ist, nach Deutschland durchzuklingeln. Auf vier Seiten wird dieser Vorgang ganz einfach erklärt. Wetten, daß es nun auch der Zauberer schafft? Er schafft es! Ich auch.
Im Waverly-Geschäftszentrum – einer Mischung aus tropischen Gewächsen, Treppen, T-Shirts und Dingen, die niemand braucht – trinken wir einen Kaffee, „vienna style", und sehen uns den Montagsverkehr auf Edinburghs Straßen an. Wir laufen herum, bis wir vom Nieselregen ganz naß sind, und fahren mit dem Bus zum Schiff zurück. Das Schloß haben wir nur von außen gesehen. Leider! Aber selbstverständlich einen echten schottischen Dudelsackspieler.
Als wir zurück an Bord – geduscht und geföhnt – beim Abendessen im Restaurant sitzen, kommt eine Durchsage von der Brücke, die um Aufmerksamkeit bittet: Auf dem Achterdeck finde eine Hubschrauber-Übung der englischen Küstenwacht statt. Es sei nur eine Übung! Für alle Fälle!
Zwei der Künstler an unserem Tisch, die das Eisschollen-Unglück auf der „Maxim Gorki" miterlebt haben, werden blaß. Sie hören auf zu essen. Ich bin unbefangen und sehe mir das Manöver an. Der Helikopter kreist über dem Schiff. Eine Leine mit Karabinerhaken wird heruntergelassen. Der Mann auf dem Achterdeck befestigt den Haken an seinem Gürtel und wird nun hochgezogen. Es klappt auf Anhieb. Die Passagiere applaudieren, sie ha-

ben die Szene gefilmt. Dankbare Erleichterung. Im Ernstfall, wenn Eisschollen kommen, wird es also gutgehen. Aber wir sind zusammen mit der Besatzung fast tausend Menschen auf diesem Schiff!
Inzwischen ist es zehn Uhr abends, die Sonne scheint blaßgelb, heller als am Mittag. Das Meer ist grau, am Horizont lachsfarben. Immer wieder Möwen, die das Tempo des Schiffes – vierzehn Knoten – mithalten.

11. Juli

Welch ein Luxus! Ich habe nichts getan als geschlafen – die See war ruhig –, und nun liegen wir vor der Hauptinsel der Orkney-Gruppe.
Ich bin noch gar nicht ganz wach. Ein tiefes Glücksgefühl durchströmt mich. Es kommt von einem Traum, den ich hatte. Ich träumte, daß ich mit einem Pastor sprach. Er sagte: „Gottes Freundlichkeit ist größer als deine Schuld. Dir ist vergeben!"
Was für ein wunderbarer Traum! Und jetzt – im Wachsein – weiß ich gar nicht, was ich als Schuld empfunden hatte. Außer, daß es gestern nach der Fernsehansprache so ein ungutes Gefühl gab: Hatte ich mit meinen Worten Menschen gefallen wollen und das Evangelium verraten? War es das, was die Nacht über mit mir ging und dann am Morgen solch glückliche Befreiung erfuhr?
Martin Luther sagt, für die Sünde gibt es nur „zwei Orte": „Entweder ist sie bei dir, daß sie dir auf dem Halse liegt, oder sie liegt auf Christus ... Wenn sie nun dir auf dem Rücken liegt, so bist du verloren; wenn sie aber auf Christus ruht, so bist du frei und wirst selig. Nun greif zu, welches du willst ..."
Als ich aus meiner Kabine gehe, steckt ein Brief in der Plastikhalterung am Türrahmen. Herr M. schreibt:

„Danke für Ihre Worte über den Fernseher ... Ich habe verstanden, was Sie mir sagen wollten ..."
Ich bin ganz betroffen, weil ich trotz des langen Gesprächs mit Herrn M. nicht an ihn persönlich gedacht hatte, sondern möglichst alle Passagiere ansprechen wollte. Aber Gott hat seine Wege zu den Menschen. Und manchmal ist der Umweg über den Fernseher der direkteste Weg. Welch mutmachender Auftakt!
Zwischen Morgengymnastik und Mitternachtsbuffet gibt es heute etwa zwanzig Programmpunkte. Ich freue mich auf die Inselrundfahrt in einem Bus. Wie erholsam, nichts vorbereiten und planen zu müssen, sich einfach nur fahren zu lassen!
Das Land ist grün, leicht hügelig; ab und zu Schafe. Auf einem niedrigen Dach grast eine Ziege. Der Bus hält zum Fotografieren. Aber die Ziege ist heute nicht in Stimmung. Zu viele Touristen!
Immer wieder kleine Gehöfte, weit verstreut. Die Häuser von Erlen und Eichen umgeben. Ganz nah an den Häusern winzige Gärten mit Blumen, wenige Sorten nur, die den ständigen Wind aushalten.
Unser Ziel ist Skara Brae, ein von Sturm und Wasser freigelegtes, wiederausgegrabenes Steinzeitdorf. Mauern und Feuerstelle, Tische, Vorratskammern sind gut erkennbar. Skara Brae liegt in einer wunderschönen, weiten Bucht mit vielen vom Meer glattgeschliffenen Steinen. Oval und groß wie ein Ei, manche größer, aber von solcher Vollkommenheit, daß es schwerfällt, den schönsten auszusuchen. Ich nehme einen, der gerade noch in meine Hand paßt: hellgrau und stumpf, von kreisförmigen Linien durchzogen. Mein Stein begeistert mich viel mehr als der „Ring of Brodgar", vor dem der Bus nun hält. Hohe, fast scheibenförmige Granitfelsen stehen in einem großen Kreis. War das eine astronomische Uhr oder ein Platz zur Verehrung der Toten?

Wir gehen über das trockene Heidekraut und schauen auf zu den stummen Zeugen einer Vergangenheit, die wir nicht kennen. Ähnliche Steine gibt es ja auch in Südengland und anderswo.
Auf der Rückfahrt sitze ich neben einer jungen Frau. Ich frage sie nach ihrem Beruf. Sie sagt: „Verwaltung, Management! Aber ich bin noch in der Ausbildung."
Wir reden eine Weile, dann meint sie: „Übrigens, der Klaus, mein Mann, der würde gern mal mit Ihnen sprechen. Kann er Sie mal anrufen?"
„Ja, natürlich."
Am frühen Nachmittag – alle sind wieder an Bord – fahren wir weiter in Richtung Island.
Ich gehe in meine Kabine und setze mich an meinen kleinen Tisch unter dem Bullauge. Ein paar Steine liegen da, nun kommt ein neuer hinzu. Gelber Hahnenfuß steht in einem Glas vor dem Spiegel. Für meine Bücher ist kaum Platz, aber ich brauche sie, um die Abendandacht vorzubereiten.
Der Wind wird stärker. Als ich gegen 17.00 Uhr zum Aufzug gehe, fährt er nicht mehr. Ab Windstärke 6 wird der Betrieb eingestellt.
Es sind viele Treppen bis zur Kapelle im obersten Deck. Dort oben spürt man den Seegang besonders stark. Ich muß mich festhalten. Frei zu stehen ist unmöglich. Die Passagiere haben es gut; sie sitzen in den Bankreihen. Ich verspreche, daß Singen gegen Seekrankheit hilft. Es stimmt. Aber anschließend, als ich wieder in meiner Kabine bin, muß ich mich schnell hinlegen.
Der Steward klopft an die Tür, um sich zu erkundigen. Als er mein Gesicht sieht, greift er in seine Westentasche und holt eine Tablette heraus.
„Here! For you! Take this!"
Er bringt ein Tablett mit Tee und fett-triefenden Kokosmakronen, die ich schnell aus meinem Blickfeld rücke.

Ab und zu klatscht ein Brecher gegen das Bullauge und taucht alles in ein grünes Licht, was das Wohlbefinden nicht steigert. Eigentlich bin ich heute abend zu portugiesischem Weißwein eingeladen, aber ich schaffe es kaum, meinen Tee zu trinken. Die Tablette macht müde. Ich schlafe ein wenig.

12. Juli

Ein Tag auf See. Die Windstärke schwankt zwischen 6 und 8. So spart die Küche etwa hundert Essen. Der Zauberer fragt sich, ob seine Nummer auch bei Seegang klappt. Bingo geht immer. Die Tanzstunde ist dünn besucht. Zwei Ehepaare haben beschlossen, von Island nach Hause zu fliegen. Wenn man zwei Tage lang seekrank ist, hat man nur noch einen Wunsch: festes Land unter den Füßen und als Horizont eine Linie, die sich nicht bewegt. Alle freuen sich auf Island.

Island

13. Juli

Die isländische Küste liegt noch im Dunst. Das Meer wird ruhiger. Eine Wohltat. Es ist gleich sieben Uhr früh. Ich bin auf dem Achterdeck. Wind, Wasser, ab und zu eine Möwe. Kein Reden. Keine Lautsprecher, kein Tellerklappern, keine Musik.

Immer wieder kleine schwarze Entenvögel, die vor dem Schiff fliehen. Flügelschlagend jagen sie über das Wasser, berühren die Oberfläche gerade noch. Sie laufen und rasen, bis der Sicherheitsabstand groß genug ist, dann tauchen sie weg.

Ich setze mich in einen aufgeklappten Liegestuhl – er ist noch etwas feucht, aber die Morgensonne wärmt schon ein wenig. Ich spüre das Salz in der Luft, mein Anorak klebt, die Stuhllehnen auch.

„Guten Morgen, Frau Pfarrer! Wie geht es Ihnen?"

„Danke, gut! Und Ihnen?"

„Ich sage immer: Gesundheit ist das wichtigste. Wenn ich morgens aufwache und gesund bin, dann danke ich Gott! Wem sollte ich sonst auch danken? Den Menschen vielleicht? Nee! Die machen einen doch nur kaputt. Trampeln einem auf den Nerven herum. Sehen Sie mal, wie sie die Stühle und Matratzen hier in die Ecke geschmissen haben! Das gehört sich doch nicht auf einem Luxusliner. Zwölfmal bin ich auf Schiffen gefahren, aber das gab's noch nie! Nee, nee ..."

So können Stühle einem die gute Laune verderben! Dabei scheint die Sonne, und das Meer liegt blauschwarz mit kleinen weißen Wellenkämmen unter uns.

Ich denke: Gott loben, ihm danken – und die Menschen hassen? Wie geht das? Ist es nicht Gotteslästerung, Gott von den Menschen, die er liebt, zu trennen?

Reykjavik

Die Sonne ist warm, 22 Grad. Das sind ungewöhnliche Temperaturen für Island. An der Ladentür eines Geschäftes hängt – schief – ein Schild: „Geschlossen wegen Sonne". Die Inhaberin liegt im Badeanzug auf ihrem Balkon. Diese Wärme ist ihr mehr wert als eine Tageseinnahme. Schiffe und Touristen kommen im Sommer jeden Tag.

Ich treffe eine andere Frau vom Schiff; sie ist ebenfalls mit dem Bus Nr. 4 vom Hafen in die Stadt gefahren. So gehen wir eine Weile durch die Straßen, kaufen Ansichtskarten und schreiben sie gleich auf einer Bank in den Grünanlagen. Später gehe ich ein Stück weiter den Hügel hinauf zur Kirche. Moderne Architektur, eine große, weiße Betonhalle, die für jeden anderen Zweck ebenso reizlos gewesen wäre. Aber der Blick über die Bucht von dort oben ist weit und schön. Das Institut, in dem die Handschriften der Sagas aufbewahrt werden, finde ich leider nicht. So geht es, wenn man ohne Gruppe und ortskundige Führer loszieht. Aber manchmal brauche ich das Alleinsein, und vieles nehme ich nur wahr, wenn ich allein gehe.

Abends auf dem Schiff ist es immer noch warm. Ganz dicht neben uns liegt die „Arkona", die alte „Astor", auf der ich meine erste Kreuzfahrt gemacht habe. Man hat sie mit anderen Farben gestrichen; sie wirkt fremd auf mich. Kurz vor uns verläßt sie den Hafen. Wir stehen an der Reling und sehen bei dem Wendemanöver zu. Die Frau neben mir sagt: „Ich bin so froh, daß ich diese Reise gebucht habe! Wenn ich daran denke, daß ich im Winter bei einer Schlittenfahrt fast ums Leben gekommen wäre...! Aber jetzt will ich leben, das Leben genießen! Jetzt will ich endlich mal an mich denken! Immer habe ich mich um andere gekümmert, in unserer Gemeinde Leute besucht. Aber unser Pastor hat sich nie dafür

bedankt. Nein, nein, man muß schon selbst darauf achten, daß man nicht zu kurz kommt. Jetzt will ich noch was vom Leben haben ... Zum Glück kann ich mir das leisten!"
Sie erkundigt sich nach den Morgenandachten. Auch das will sie mitnehmen. Vielleicht sollten wir mal den Text aus Markus 8 lesen: vom Gewinnen und Verlieren des Lebens. Wer sein Leben verliert – um Jesu willen –, der wird es finden. Wer hingibt, der empfängt. Stimmt das? Und wie stimmt es?
Auf dem Weg zur Kabine treffe ich den Discjockey und seine Freundin. Weil er am Nachbartisch sitzt, kennen wir uns ganz gut. Ich frage ihn: „Waren Sie gestern auf dem Kostümfest?"
„Ja!"
„Als was?"
„Ich bin als Mensch gegangen!"
„Haben Sie sich verkleidet?"
„Nein, im Gegenteil, ich mußte meine Maske ablegen! Aber das kann man sich auf solch einem Schiff kaum leisten. 'ne Maske hat was Gutes – als Schutz, meine ich! Also, dann bis später!"

14. Juli

Inzwischen sind wir an der Nordküste Islands, in Akureyri. Von dort will ich die Bustour ins Landesinnere mitmachen.
Wir fahren über Hochmoore und Lavafelder zum Mükkensee. Über hundert Entenarten soll es dort geben: „Ein Paradies für Vogelfreunde und Fotografen!" Ich bin beides – ein wenig. Also nehme ich trockene Brötchen und meine Kamera mit. Aber leider darf der Bus nur bis auf

zweihundert Meter an dieses Naturschutzgebiet heranfahren, so daß wir weder Mücken noch Enten sehen. Zwei grasende Ziegen sind bereit, meine Brötchen zu fressen.

Weiter geht die Fahrt zu einem Platz, wo die Erde noch warm ist: überall brodelnde Schlammlöcher. Die Wege sind abgesteckt. Es riecht stark nach Schwefel. Wir sammeln verschiedenfarbige Lavabrocken. Rundherum kahle Berge – wie Geröllhalden, Mondlandschaft! Aber hier lebt noch alles, während einige Kilometer weiter erstarrte Lavafelsen eng beieinander in einer Schlucht stehen. Man hat Angst, sich zwischen diesen bizarren Gebilden zu verlaufen.

Als wir uns der Küste nähern, wird das Land wieder grün. Überall klare Bäche.

Die Berge in der Ferne behäbig wie Elefanten, Rücken an Rücken. Oder flach wie Tische, über die ein Tischtuch geworfen ist. In den Falten noch Schnee. Eine Landschaft wie am ersten Tag. Niemand redet.

Später beim Abendessen – es gibt ein Island-Menü: Seezungenfilet, Lachs und Forellen – sagt die bulgarische Tänzerin: „Übrigens, was ich Sie immer schon mal fragen wollte: Gibt es in der evangelischen Kirche eigentlich noch die Beichte? Ich meine: Kommt so etwas noch vor?"

„Ja, es kommt vor. Aber selten. Wir haben da etwas ganz Wichtiges verloren und einfach keine neue Form dafür gefunden, daß Menschen all das, was sie belastet, aussprechen und davon freiwerden können. Es gibt das Gespräch und die Zusage der Vergebung. Aber das ist keine feste Einrichtung, nicht selbstverständlich ..."

„Ich weiß nicht", sagt die Tänzerin, „ob man diesen alten Brauch wieder aufnehmen sollte. Ich persönlich möchte zu dem stehen, was ich getan habe, und daran arbeiten und wachsen. Als Künstlerin sehe ich das vielleicht anders. Ich meine, jeder muß seinen eigenen Weg finden, mit seiner Schuld umzugehen."

Der Anlageberater und seine Frau am Nebentisch haben zugehört. Sie schweigen. Für sie ist das kein Thema. Früher haben sie einmal zur evangelischen Jugend gehört. Aber man wird erwachsen. Dann kommen Beruf und Familie, und diese Themen versinken. Kein böser Wille, es ist einfach so. Kirche wird etwas Fremdes.

Als ich vom Tisch aufstehe, sagen sie: „Wann ist Ihr nächster Gottesdienst?"

„Morgen früh um neun ist eine Andacht in der Kapelle!"

„Mal sehn, ob wir's schaffen!"

Und ich denke: Wie schwer ist es, zwischen Lachs und Kaviar von Schuld und Vergebung zu reden.

Polarmeer

15. Juli

Gestern abend haben wir den Hafen von Akureyri verlassen. Es war eine ruhige Nacht. In ein paar Stunden überqueren wir den nördlichen Wendekreis. Dann sind wir im Polarmeer. Es gibt, wie immer, die Polartaufe mit Glühwein und heißer Suppe. In das Außenschwimmbad wird heißes Wasser gepumpt. Ehe es ganz abgekühlt ist, müssen die Neuen der Besatzung hineinspringen. Wer zögert, dem hilft man nach. Passagiere dürfen auch. Neptun persönlich kommt und besteigt seinen Thron. Im Wasser schwimmen fünf kleine Teufelchen mit Schwänzen und Dreizack. Ihre rote Schminke löst sich von den Gesichtern und färbt das Wasser. Neptun hält seine Rede und übergibt als Herrscher der Meere dem Kapitän einen goldenen Schlüssel: Nun darf unser Schiff eindringen in die Eismeer-Gewässer. Unser griechischer Kapitän bedankt sich dafür mit einem Früchtekorb, den Neptun mit Würde entgegennimmt.

Auf keine Landschaft werden so viele Meter Film verschwendet wie auf solche Ereignisse. Was hinter diesem Schauspiel steht? Vielleicht das Wissen, daß es gefährlich ist, bestimmte Grenzen zu überschreiten. Daß dem Menschen nicht alles offensteht: Er braucht eine Einlaßerlaubnis – erst dann kann sein Vorhaben gelingen.

Anscheinend hat diese Grenzüberschreitung auch bei mir etwas ausgelöst. Ich habe plötzlich das Gefühl: Jetzt bin ich von Frau Hansen, mit der wir Streit haben, so weit entfernt, daß ich ihr eigentlich einmal schreiben könnte. Wenn man im selben Stadtteil wohnt, geht es schlecht. Es erschiene mir so unnatürlich. Unser Streit dauert

schon viele Jahre. Beschimpfungen und böse Blicke. Alle Versuche, ein erträgliches Verhältnis herzustellen, sind gescheitert.
Nun also – jenseits des nördlichen Wendekreises – bitte ich Gott erneut um ein Wunder und schreibe ihr einen Brief. Er wird nicht lang. Eine Seite. Ich sage ihr, daß dieser Streit meine Lebensfreude so sehr beeinträchtigt und ja auch nicht recht ist. Ob es für sie nicht ebenfalls schöner wäre, wenn wir einen freundlicheren Ton fänden, böse Worte verzeihen könnten ..., daß wir uns nach den Ferien vielleicht einmal treffen könnten, in einem Café oder wo immer es ihr recht wäre ... Ich würde mich sehr freuen. Mit freundlichen Grüßen.
Vom nördlichsten Postamt der Welt – auf Spitzbergen – werde ich diesen Brief abschicken. Wenn sie ihn doch so lesen könnte, wie ich ihn gemeint habe! Aber wie wird mein Mann reagieren? Er weiß ja nichts von diesem Brief! – Und er ist noch viel tiefer verletzt und verbittert.
Als der Umschlag zugeklebt, frankiert und am Postschalter des Schiffs abgegeben ist, fühle ich mich befreit. Geradezu fröhlich. Ich kann mich jetzt ganz ungeteilt meiner Arbeit zuwenden. Es ist Sonnabend. Heute gegen 18.00 Uhr ist das „Wort zum Sonntag" dran. Ich habe mir schon in Hamburg überlegt, daß ich vielleicht einige Verse aus der „Edda" – sie ist um 1250 auf Island entstanden – als Ausgangspunkt nehmen könnte.
Da heißt es:

„Ganz unglücklich ist niemand,
ist er gleich nicht gesund:
Einer hat an Söhnen Segen,
einer an Freunden,
einer an vielem Gut,
einer an trefflichem Tun."

Gibt es etwas, wofür ich Gott danken könnte? Gott

wartet darauf. Das Danken öffnet mein Herz und macht mich bereit, neue Gaben von Gott zu empfangen. Sonst ist mein Leben ohne Glanz.

Als wir die unbewohnte Insel Jan Mayen passieren, liegt der hohe Schneekegel ganz klar vor uns. Blauer Himmel und Sonne – als wären wir im Mittelmeer. Solch gute Sicht gibt es nur an etwa zwanzig Tagen im Jahr! Und einen davon haben wir. Die Stimmung unter den Passagieren ist gut. Unser Schiff verlangsamt sein Tempo: zwei Knoten! Durch die Lautsprecher heißt es: Foto-Stop!
Wir drängeln uns an der Reling. Im Norden – also direkt vor uns – liegt ein dunkelgrauer Streifen am Horizont. Massiv wie Land, aber es kann kein Land sein. Kaum haben wir Jan Mayen hinter uns gelassen, kommt diese graue Wand auf uns zu, sie wächst. Der weiße Gipfel verschwindet vor unseren Augen. Nebelschwaden, feuchte Kälte. Nur wenige Minuten später ist auch das Meer grau. Wir sind in einer Nebelwand. Gerade jetzt. Nicht weit von hier passierte vor ein paar Wochen das Eisschollen-Unglück. Wir gehen in die Gesellschaftsräume, die Stimmung ist gedämpft. Ein Ehepaar lädt mich zu einem Cappuccino ein. Als ich gehe, sagen sie: „Wir freuen uns schon auf Ihre Predigt! Bis morgen also!"
Wie schön, wenn sich schon jemand im voraus freut. Die Geschichte von der Blindenheilung ist dran. Dieser Mann – so wird berichtet – ist blind, damit Gott durch die Heilung verherrlicht und angebetet wird. Alles, was mir fehlt, und alles, was ich habe, soll der Verherrlichung des Vaters dienen, dazu leben wir.
Sind wir in diesem dichten Nebel nicht auch wie Blinde? Wird das Radarsystem Eisfelder rechtzeitig entdecken? Zum Glück ist es nicht dunkel, und zum Glück sind wir in Gottes Hand.

16. Juli

Ein stiller, grauer Sonntagmorgen, acht Uhr. Es war eine ruhige Nacht. Der Nebel hat sich gelichtet. Keine Eisscholle weit und breit. Gott sei Dank!

Ich gehe ins Restaurant und bin allein am Tisch. Die meisten Gäste schlafen noch. Mir gegenüber, rechts neben der Küchentür, steht die Phalanx der Stewards. Ihre Aufgabe ist es, die Gäste – oder genauer: deren Kaffeetassen – immer im Blick zu haben. Sinkt der Kaffeespiegel unter ein Drittel, stürzen sie sich auf eben diese Tassen und füllen sie wieder auf.

Der Kaffee wird nie alle, aber er ist auch nie richtig heiß. Doch wer brächte es übers Herz, bei so liebevoller Aufmerksamkeit auch noch Kritik zu üben. Inzwischen wissen die Stewards, wer seinen Kaffee „schwarz" trinkt, wer Milch nimmt und wieviel. Sie kennen auch die Teetrinker. Aber wie sollen sie wissen, daß sich die Entscheidung „Kaffee oder Tee" bei mir nach dem Seegang richtet! Ab Windstärke 6 trinken wir Tee.

Die eigentliche Kunst der Stewards aber besteht darin, immer alles im Blick zu haben, ohne den Gästen das Gefühl zu geben, beobachtet zu werden. Wie sie das machen? Ihr Blick schwebt etwa drei Zentimeter über den Köpfen der Gäste – so wie Raubvögel über ihrer Beute kreisen. Ist eine fast leere Tasse gesichtet, geht es im Sturzflug darauf zu.

Es funktioniert so todsicher, daß man eigentlich die Kosten für den Obersteward, der wiederum seine Phalanx fest im Blick hat, sparen könnte. Aber wahrscheinlich hängt alles an seiner lächelnden Präsenz. Er braucht nicht mehr zu schleppen, zu hetzen, zu rennen, die Küchentür mit Fuß oder Knie aufzustoßen – er muß nur da sein. Die Zeit des Rennens hat er hinter sich. Streß gibt es nur noch für seine Seele, wenn nie zufriedene Gäste sich über Vorsuppe oder Dessert beklagen. Ob dieses ständige Bedienen, das Sich-Verbeugen nicht mit der Zeit den Charakter eines Menschen verändert? Wieviele Extrawünsche verträgt ein Mensch? Wie lange kann man freundlich bleiben?

Langsam füllt sich das Restaurant. Ich werde jetzt in die Kabine zurückgehen und noch ein wenig arbeiten. Das Wetter ist nicht gut: Es ist feucht und kalt. Die Liegestühle oder das Fotografieren an Deck sind heute keine Konkurrenz zum Gottesdienstangebot. Alle Künstler wünschen sich während ihrer Darbietungen schlechtes Wetter. Ich auch.

Wir haben inzwischen die halbe Kreuzfahrt hinter uns. Da gibt es bei vielen Passagieren ein kleines Tief. Auch ich dachte gestern: Jetzt wäre ich gern wieder zu Hause bei meiner Familie! Als ich das am Tisch sagte, stimmten alle zu. Deshalb wird das Bordprogramm an diesen Tagen voll „aufgedreht": Für die Damen gibt es die Ladywahl, für Sportsfreunde Tischtennis- und Volleyballturniere, Tontaubenschießen, Schach- und Skatrunden. Postschalter, Reisebüro und Bibliothek sind geöffnet.

„Wenn Sie Fragen oder Wünsche haben – Frau Lauterberg erwartet Sie im Foyer. In der Hafenbar spielt Ali für Sie."

So werden Aggressionen abgebaut, Kompromisse ausgehandelt, Sonderwünsche erfüllt – damit das Schiff ein Traumschiff bleibt. Für hartnäckige Fälle wird autogenes Training angeboten, für noch schwierigere: ein Gespräch mit dem Bordpfarrer. Oberstes Ziel: ein reibungsloses Nebeneinander der 640 Passagiere auf einem Schiff, das 196 Meter lang und 24,5 Meter breit ist. Landausflüge, Sauna, Bordkino und Bar helfen beim „Entstressen".

Eigentlich bewundere ich die Passagiere mit ihrer Entschlossenheit zum Glück. Die Reise ist teuer, nun will man sie auch genießen. Es sind Ferien, und vieles wird

geduldig hingenommen. Enttäuschungen schluckt man hinunter. Das Schöne soll festgehalten werden – vor allem mit der Kamera –, denn davon will man später den Freunden berichten. Und im Rückblick war einfach alles schön.

Als wir an diesem Tag des Reisetiefs beim Mittagessen sitzen, sagt die bulgarische Tänzerin: „Als wir vor ein paar Wochen das Eisschollen-Unglück miterlebten und da vier Stunden im Rettungsboot neben der Bordwand hingen – das Boot konnte ja wegen der Eisschollen nicht heruntergelassen werden –, da hab ich mir geschworen, jeden Sonntag in einen Gottesdienst zu gehen; ganz egal, in welchen. Aber nun hatten wir heute, am Sonntagmorgen, schon wieder Proben für die Modenschau und die Ladywahl."

Ich schlage ihr vor: „Kommen Sie morgen früh um neun in die Morgenandacht!"

„Da schlafe ich noch!"

„Am nächsten Sonntag ist ein Abendgottesdienst um 18.00 Uhr!"

„Mal sehn!"

So eng sieht man Gelübde nicht. Es genügt eigentlich, davon zu erzählen. Das ist Bekenntnis genug und fast schon die Erfüllung des Versprechens. Aber sie kam tatsächlich und legte einen großen Schein in den Kollektenkorb.

Kaum bin ich wieder in meiner Kabine, da ruft mich Claudia an. Ihr Job ist es, die Gäste morgens über das Bordradio fröhlich zu wecken und sie zum Aufstehen zu ermuntern: „Rechtes Auge auf! Rechtes Auge zu! Linkes Auge auf! Und jetzt beide!"

Außerdem werden Windstärke, Außentemperaturen und das Tagesprogramm mitgeteilt.

Claudia fragt mich: „Sagen Sie, hab'n Sie mal so'n paar Bibelsprüche fürs Wecken? So was zum Morgen? Nicht zu fromm! Mehr so allgemein, ja? Und was Positives! Legen Sie's mir in die Rezeption? Danke und bis später!" Mit Hilfe von Konkordanz und Gedächtnis suche ich etwas „Passendes" und habe zugleich Skrupel: Wieviel Anpassung kann sich die Kirche denn leisten?

Spitzbergen

17./18. Juli

Bin ich auf Reisen ein anderer Mensch – mit größerer Intensität des Wahrnehmens und Erlebens? Aufgeschlossener, betroffener? Das Sehen zum ersten Mal! Nicht das Gewohnte, Vertraute, sondern das Neue. Und das Neue hat schärfere Konturen und klarere Farben. Hugo von Hofmannsthal sagt: „Wo ist dein Selbst zu finden? Immer in der tiefsten Bezauberung, die du erlitten hast."
Spitzbergen zum ersten Mal! Diese große starre Landschaft mit ihren fast schwarzen Bergen: schroff, kalt, abweisend. Dazwischen breite Gletscher und Schneefelder, beinahe einladend freundlich. Doch nur aus der Ferne. Dort, wo die tonnenschweren Eisbrocken vom Gletscher abbrechen und ins Meer fallen, steht schroff eine Eiswand, türkisblau. Der Gletscher „kalbt". Die bizarren Eisgebilde tauchen ein in das dunkle Wasser des Fjords. Leicht wie ein Traum schwimmen sie mit der Strömung auf das offene Meer zu. Diese Freiheit kostet ihr Leben. Aber noch genießen sie das Spiel mit Sonne, Wind und Wasser. Immer wieder verändert sich ihre Form. Sind sie Schwan oder Delphin, Kristall oder Krone? Sie sind, was immer die Phantasie in ihnen erblickt.
Wir liegen jetzt auf Reede im Magdalenen-Fjord. Die Schönheit dieser Eisberge täuscht darüber hinweg, wie gefährlich sie für unser Schiff sind. Als einer von ihnen zu nahe an die Schiffsschraube herankommt, lassen die Männer von der Besatzung ein Boot herunter und schieben den Koloß mit langen Stangen in eine andere Richtung – leicht, wie Kinder Eischneeklößchen an den Tellerrand schieben.

Alle fotografieren diese „Beinahe-Kollision". Auch ich laufe mit meiner Kamera an die Reling. Zu dem Zeitpunkt weiß ich noch nicht, daß nur schwarze Filmstreifen als Erinnerung bleiben werden, weil der Verschluß meiner Kamera nicht funktioniert.
Die Berge Spitzbergens sind wirklich spitz. So, wie Kinder Berge malen und sich fragen, ob dort oben auf der Spitze wohl ein Mensch stehen kann.
Am frühen Nachmittag nimmt unser Schiff Kurs auf die Packeisgrenze. Zwischen 2.00 und 3.00 Uhr heute nacht würden wir sie erreichen, so heißt es von der Brücke. Mit Ferngläsern und großen Objektiven versuchen die Passagiere in dieser hellen, klaren Polarnacht, das Eis noch näher heranzuholen. Der Kapitän will kein Risiko eingehen, er hält einen größeren Abstand als auf früheren Fahrten. Niemand beschwert sich.
Das Eis schwimmt wie eine dicke Plattform auf dem Meer. Möwen, Enten – schneidender Wind, sonst nichts. Aber es ist wunderbar, wie die Sonne den Schnee, der dünn auf dem Eis liegt, zum Leuchten bringt. Er blendet. Als wir es vor Kälte nicht mehr aushalten und das Schiff langsam beidreht, gehen wir in die Gesellschaftsräume zurück – aus der eisigen Helligkeit in das gedämpfte Licht. Wärme und leise Musik. Eine heiße Suppe gibt es oder Glühwein. Die Unterhaltung – anfangs zögernd und leise – normalisiert sich. Wir sitzen noch eine Weile an den Tischen zusammen, aber langsam gewinnt die Müdigkeit Oberhand, und man geht schlafen. Obwohl ich die Gardinen vor das Bullauge ziehe, wird es nie ganz dunkel.

Am folgenden Tag liegt unser Schiff im Königsfjord. Heute gehen wir an Land. „Spaziergang am Gletscher" heißt dieser Programmpunkt. Weil es für unsere Boote keine Möglichkeiten zum Anlegen gibt, wird ein Ponton

mit einem Steg hinübertransportiert und dort befestigt. Eine Aktion, die mehrere Stunden dauert. Aber nur so können wir dieses nördlichste Land betreten. Zwei Boote fahren ständig zwischen dem Luxusliner und der kahlen Landzunge Spitzbergens hin und her. So lange, bis alle Passagiere drüben sind und die ersten dann schon wieder zurückwollen. Die Reiseleiter haben einen großen Schirm in den Sand gesteckt und darunter einen Stand aufgebaut, damit auch hier Hamburger, Ketchup und heiße Getränke nicht fehlen.
Es sind tatsächlich 12 Grad „Wärme"! Hochsommer auf Spitzbergen! Ein leichter Regen, aber wie schön, sich frei bewegen zu können! Am Strand entlang oder ein Stück die ansteigenden, felsigen Hänge hinauf. Nur das Nistgebiet der Seeschwalben dürfen wir nicht betreten. Einige tun es dennoch. Todesmutig stürzen sich die Vögel auf die Eindringlinge und kreisen laut schreiend über ihren Köpfen. Die Menschen geraten in Panik, sie schwenken Tücher und heben die Arme – eine Hitchcockszene. Schließlich haben sie den Sandstreifen erreicht. Die Vögel beruhigen sich nur langsam.
Am Ende der Landzunge in der kleinen Bucht liegt ein gestrandetes Boot. Der Sturm hat es hierher getrieben. Nun liegt es da und rostet vor sich hin. Dahinter Felsen – von niedrigen Gräsern und Moosen überwuchert, winzige rosa und orangefarbene Blüten. Blumenpflücken ist verboten. Steinesammeln erlaubt. Und ich kann es auch hier nicht lassen. Meine Manteltaschen ziehen bereits schwer nach unten. Einen besonders schönen habe ich in der Hand. Eine Frau, die ihn sieht, meint: „Ist der schön!" Wir sprechen über diese unüberschaubare Menge von hellgrauen, rundgeschliffenen Steinen. Sprechen über die Landschaft. So gibt mir dieser stumme Stein Gelegenheit, mit Menschen zu reden, die ich weder bei den Mahlzeiten noch in meinen Veranstaltungen treffe. Viel

Freundlichkeit kommt mir entgegen. Inzwischen kennen mich die Passagiere, jedenfalls vom Kabinen-Fernseher her.
Und es ist ganz unverfänglich, einfach über Steine zu reden und dabei zu testen: Was ist sie für ein Mensch? Ganz normal? Hat man aber erst einmal miteinander gesprochen, trifft man sich immer wieder und kann auch über andere Dinge reden. Steine als Eisbrecher!
Und während ich noch ein Stück über die Felsen klettere, denke ich: Wie lange könnte ich diese kahle Einsamkeit ertragen? Wenn ich allein hier wäre, wie lange hielte ich das aus? Drei Tage? Drei Wochen? Länger wohl nicht.
Es gibt nur das Grau-Schwarz und Weiß der Berge, ockerfarbene Algen und Gräser, schwachgrünes Moos und das sandfarbene Ufer. Schöne gedämpfte Töne. Bei Sonne viel leuchtender. Aber ich brauche immer Menschen. Jedenfalls *einen* anderen Menschen, der sich mit mir freut, wenn ich sage: „Guck mal, wie schön! Ist das nicht herrlich?“ Ich brauche einen Kompagnon der Freude.
Nach diesem Landausflug – und neuen Steinen auf meinem Tisch – sind wir wieder für einige Zeit auf unserem Schiff. In Longyearbyen, der Poststation Spitzbergens, fährt nur die Reiseleitung an Land, um unsere Postkarten und Briefe – insgesamt viertausend! – aufzugeben. Es ist der Ort, wo die Passagiere der „Maxim Gorki“ damals in Kirche und Krankenhaus Zuflucht fanden. Wo es heiße Suppe, Wolldecken, Rasierapparate und Zahnbürsten gab. Es gab damals auch Dankgebete und Lieder oder jedenfalls ein erleichtertes Lächeln. Manche schliefen vor Erschöpfung sofort ein. Aber alle waren tief bewegt von soviel Hilfsbereitschaft und Freundlichkeit.
Später das Abendessen. Es gibt Hummerkrabben und Rentierfleisch. Heute ist ein Extra-Buffet aufgebaut mit

Früchten, Eis und Kaffee. Der ältere Herr am Nebentisch lehnt sich zurück: „Ich hätte ja gern noch ein Eis!"
„Darf ich Ihnen eins mitbringen? Ich hole mir sowieso etwas vom Buffet."
„Das kann ich nicht verlangen!"
„Tun Sie ja auch nicht. Ich biete es Ihnen ja an!"
„Na gut. Dann zwei Kugeln Vanille-Eis, bitte."
Er ißt das Eis und genießt es. Etwas später meint seine Frau: „Ich hätte ja gern einen Kaffee!"
Ihr Mann erhebt sich: „Soll ich dir einen holen?"
„Das würdest du tun?"
„Ja."
Er stellt seiner Frau den Kaffee hin. Sie hat Tränen in den Augen. „Noch nie hast du mir einen Kaffee eingeschenkt! Das ist die schönste Reise meines Lebens!"

Gespräche unterwegs

19. Juli

Dieser trübe, regnerische Tag zwischen Spitzbergen und dem Nordkap ist für mich voller Licht und Freude. Weil die Uhr wieder eine Stunde vorgestellt wurde und wohl auch wegen der nicht untergehenden Sonne, die uns alle bis spät in die Nacht an Deck festhielt, sind heute morgen nur drei Passagiere in der Kapelle zur Andacht. Was soll ich tun? Einen Psalm könnten wir zusammen lesen und ein Gebet sprechen – aber die Ansprache und das Singen? Wenn es wenigstens fünf wären!

Ich bitte Gott um zwei Menschen mehr. Ich sage: „Herr, es singt sich sonst so schlecht. Dein Lob soll nicht so trübe klingen!" Und mir war, als ob Gott sagte: „Warum bittest du nur um zwei? Traust du mir mehr nicht zu?" „Dann laß dein Haus voll werden!"

Ich sitze in der ersten Reihe. Das Licht, das durch die hintere Eingangstür der Kapelle auf die glattgeschliffene Frontseite des Altars fällt, wird immer für einen Moment verdunkelt, wenn ein weiterer Gottesdienstbesucher eintritt.

So sehe ich nun, ohne mich umzudrehen, wie einer nach dem andern in die Kapelle kommt. Als ich nach ein paar Minuten aufstehe und mich der Gemeinde zuwende, ist der Raum voll. Immer mehr kommen. Sie müssen auf den Klappstühlen an den Seitenwänden Platz nehmen. Ich atme tief durch, um ganz gelassen zu erscheinen, und wünsche allen einen „Guten Morgen". Wie gern hätte ich gesagt, was mich in diesem Moment bewegt! Aber ich tue es nicht.

Nach der Andacht fragt mich ein Passagier: „Woher wußten Sie, daß gerade dieser Text für mich so wichtig war?"
Über Gebundensein und Freiheit hatte ich gesprochen. Paulus ist nur frei als Knecht Jesu Christi, als Gebundener und Geführter. Erst nachdem ihn ein Licht vom Himmel geblendet hat, sieht er, wen er bisher verfolgt hat. Jesus selbst!
Ein katholisches Ehepaar wartet am Ausgang auf mich. Ein Gespräch beginnt. Da wir an der Treppe stehen und das Schiff wieder zu schaukeln anfängt – oder eher zu stampfen –, beschließen wir, in das Restaurant zu gehen und dort bei einem zweiten Kaffee weiterzureden.
Herr Kemper erzählt von seinem Unternehmen, das Kosmetikartikel herstellt. Gerade habe er eine weitere Filiale in New York eröffnet, eine Existenz für seine jüngste Tochter. Aber auch den Kölner Betrieb hätten seine vier Söhne weitgehend übernommen. Er arbeite jetzt zusammen mit seiner Frau aktiv in der Gemeinde mit; das sei ihm sehr wichtig.
Wir sprechen weiter über dieses und jenes. Ich erfahre, aus wieviel verschiedenen Tierhaaren Kosmetikpinsel hergestellt werden und daß man dazu Abfallprodukte der Pelzhandlungen verwendet. Als ich gestehe, keinen solcher Pinsel zu besitzen, verspricht er mir, ein kleines Sortiment zu schicken. Dann sagt er ganz unvermittelt: „Könnten wir hier auf dem Schiff nicht mal zusammen beten?... für die Gottesdienste und Andachten, für all die Menschen auf dem Schiff?"
Er ahnt nicht, wie mich seine Frage erschlägt. Während der ganzen Reise hatte ich Gott immer wieder um Menschen gebeten, mit denen ich nicht nur reden und lachen, essen und trinken konnte, sondern auch beten. Wie merkwürdig: Man bittet um etwas, aber rechnet nicht damit, daß es geschieht.

Ich sage – meine Verwirrung verbergend – so leichthin wie möglich: „Ja, gern! Wollen wir uns morgen früh in der Kapelle treffen? Vielleicht kommt unsere Organistin noch dazu. Und ihr Mann vielleicht auch!"
Ich bitte Herrn Kemper, morgen in der Andacht Psalm 65 zu lesen, in dem der schöne Satz steht: „Du, Gott, erhörst Gebet. Darum kommen alle Menschen zu dir."
Später werde ich ihm sagen, warum es gerade dieser Vers sein mußte.
Mein Glück ist so groß, daß ich denke, es kann nie mehr aufhören.
Nach dem Mittagessen, als wir noch am Tisch sitzen, kommt unser Bar-Pianist und setzt sich dazu. Ihm ist etwas sentimental zumute. Er möchte reden und braucht Zuhörer. Von alten Zeiten träumt er, als er Josefine Baker begleitete. Wie er zusammen mit seiner Frau in Paris aufgetreten ist. Im Olympia! Jetzt ist alles anders ...
Ali wischt sich die Tränen aus den Augen. Diese halbe Minute des Schweigens nutzt unser Sänger, um mit seiner noch ruhmreicheren Vergangenheit zuzuschlagen:
Fernsehen und Cabaret!
Ich denke: Wie schrecklich, wenn man sich selbst so rühmen muß! „Ich danke dir, Gott, daß ich nicht so bin!"
Ich erschrecke, denn so hat schon einmal ein Mensch geredet – in einem Tempel. Die Bibel nennt ihn Pharisäer.
„Ach", sagt der Pianist, der immer noch unter seinem gestrigen Alkoholkonsum leidet, „ich habe soviel falsch gemacht in meinem Leben. Jetzt bin ich fast sechzig, und alles ist kaputt: meine Ehe, meine Karriere ... Ob Gott mir das je verzeiht?"
„Und dieser – der Zöllner – ging hinab gerechtfertigt", heißt es in Lukas 18.

20. Juli

Um Mitternacht sind wir wie geplant am Nordkap. Ich gehe nur ein Stück an der Küste spazieren. Die Busfahrt auf das Kap hinauf ist teuer, und ich war früher schon dort.

Ich freue mich über das viele Grün, es gibt hier schon wieder richtiges Gras und tiefblaue Glockenblumen, auch Wolfsmilch und Hahnenfuß. Die Farben sind ganz intensiv. Ich pflücke einen großen Strauß für die Kapelle, damit der Altar nicht so kahl und leer aussieht.

Inzwischen ist die Sonne hinter der Wolkenwand hervorgekommen. Mitternachtssonne am Nordkap! Einmal bei zehn Reisen hat man solches Glück. Die Passagiere kommen ganz erfüllt zurück. Sie hatten den weiten Blick auf das Meer, und die Sonne tauchte alles in Gold und Licht. Sie bleibt auch noch, als wir gegen zwei Uhr nachts ablegen und Kurs auf Tromsö nehmen.

Eine herrliche Fahrt durch die vorgelagerten Inseln und Felsen – und wieder eine kurze Nacht. Bei so viel Licht braucht man wohl weniger Schlaf. Aber manchmal bin ich müde, auch etwas kreuzfahrtmüde. Drei Worte zum Beispiel kann ich nicht mehr hören: „Einen wunderschönen Abend!", den die Reiseleitung jeweils wünscht; „Eine zauberhafte Stimmung", die der Conferencier ständig beschwört, und: die „traumhafte Darbietung der Künstler". Bin ich eifersüchtig, weil ich mit solchen Prädikaten nicht belegt werde? Aber diese Inflation von Superlativen ist schwer zu ertragen. Und ich frage mich, ob es nicht auch eine Inflation von Bibelworten ist, wenn jeden Tag ein Gottesdienst, eine Andacht oder eine Fernsehansprache stattfindet?

Zu Hause, das weiß ich, werde ich erst einmal nicht mehr „reden", sondern still sein und hören. Und in ein paar Tagen ist die Kreuzfahrt zu Ende.

Den Tisch-Stewards muß es ähnlich gehen. Zu jeder

Mahlzeit: Aufdecken, Servieren, Abräumen – immer mit gleicher Freundlichkeit. Dann, am Ende der Reise, nach einem halben Tag Pause – nur das Mittagessen fällt aus – kommen die neuen Gäste, die alles noch ganz aufmerksam wahrnehmen und einen Superservice erwarten. Niemand kann länger als vier, höchstens sechs Monate auf dem Schiff arbeiten. Dazu ist der Lebensraum zu eng und die Arbeit zu hart. Alles, damit das Schiff ein Traumschiff bleibt.

21./22. Juli

Das letzte Wochenende hat noch ein volles Programm: Heute ein ökumenischer Abendmahlsgottesdienst – von den Gästen so gewünscht. Ich freue mich, daß wir eine Form gefunden haben, in der Katholiken und Lutheraner zusammen zum Abendmahl gehen können. Wir sind während dieser Reise so sehr zu einer Gemeinde geworden, daß es nicht denkbar gewesen wäre, „einfach so" auseinander zu gehen. Was „an Land" noch nicht möglich ist, die Abendmahlsgemeinschaft, ist hier auf dem Schiff Anlaß großer Freude.
Und für morgen ist eine besondere Andacht geplant. Es gibt drei Ehepaare, die in diesen Wochen Silberhochzeit hatten, und ein Paar, das sein vierzigjähriges Ehejubiläum feiert. Sie hatten um eine „Gedenkfeier" gebeten. Unser spanischer Musiker ist bereit, auf seiner elektronischen Orgel eine feierliche Einzugsmusik zu spielen.
Der italienische Sänger wollte einen Psalm lesen. Internationaler geht es nicht. Außerdem gibt es an diesem Wochenende noch „Das Wort zum Sonntag" und den Sonntagsgottesdienst.
Die Künstler sind mit ihrer Abschluß-Show beschäftigt. Einer der Komiker fragt mich, ob ich bei seiner Nummer mitmachen würde.

„Kommt drauf an, was Sie mit mir vorhaben."
„Nichts Schlimmes! Ganz harmlos, Ehrenwort!"
„Gut, okay! Wir telefonieren dann noch mal!"
Er erklärt mir am Telefon ein paar Details. Dann sagt er: „Übrigens, da ich Sie gerade an der Strippe habe..., hätten Se mal so 'n gutes Zehnminütche-Viertelstündche Zeit für mich?"
„Ja, natürlich. Wie wär's morgen, gegen elf?"
„Geht's auch nach dem Mittagessen? Trinken wir 'nen Espresso in der Bar?"
„Gut."
Nach unserem Gespräch denke ich: Wie schwer ist es, einen Beruf zu haben, in dem man immerzu andere zum Lachen bringen soll, wenn einem selbst eher zum Weinen zumute ist!
Der Show-Abend lief gut. Auch „unsere" Nummer erhielt großen Applaus. Einer der Komiker hatte zwei ältere Herren aus dem Publikum und mich nach vorn gebeten. Einzige Bedingung: Wir sollten zu allem, was er verlangte, „Ja" sagen.
Zu dem ersten Gast sagte er: Gehen Sie an die Theke und bestellen Sie vier Bier!"
„Ja."
Er ging.
Zum nächsten: „Gehen Sie an die Theke und bestellen Sie vier Doppelkorn!"
„Ja!"
„Und, Frau Pastorin, gehen Sie an die Theke und bezahlen das Ganze!"
Daß wir das Bier dann auch noch tranken, löste erneute Begeisterung aus. Offenbar hatte man mir das nicht zugetraut.

Die kleine Holzkirche von Gravdal

Dieser Tag auf den Lofoten war für mich einer der schönsten. Zusammen mit einigen der Künstler fuhr ich an Land. Das Tenderboot brachte uns in einer Viertelstunde vom Schiff zum Hafen Gravdal. Große, violette Feuerquallen schwammen im Wasser. Auf einem Hügel die rot-weiße Holzkirche – ein Rot wie Ochsenblut.

Die schweren grauen Wolken der letzten Tage lösten sich auf. Hin und wieder schien die Sonne, und kaum waren wir an Land, legte sich auch der Wind. Der Himmel war jetzt ganz blau.

Um uns herum hohe blühende Wiesen mit violettem Storchenschnabel und immer wieder: Hahnenfuß, Kukkuckslichtnelke, Bachwurz und Wolfsmilch. Blumen, die bei uns Anfang Juni blühen. Hier schaffen sie es gerade noch zum Ende des kurzen Sommers. Überall schwarze Granitfelsen, die weit ins Meer hinausragen. Eine überwältigend schöne Landschaft. In der Ferne schroff aufragende Berge.

Um so mehr stört es mich, daß in unserer Gruppe ständig gewitzelt und geblödelt wird. Man mokiert sich über alles und jedes, schießt halbfaule Pilze in die Luft. Alberne Gruppenfotos werden gemacht. Aber dann gehen doch alle – wie in stiller Verabredung – auf die Kirche zu. „Hoffentlich ist sie geöffnet!"

Die Tür ist offen.

Sie durchstreifen den Raum wie einen Trödelmarkt. Alles wird angefaßt, fotografiert, kommentiert. Die Heizung funktioniere gut. Wie alt diese Kirche wohl sei? Ein norwegisches Mädchen, das hier den Küsterdienst ver-

sieht – oder auch nur die Touristen im Blick haben soll –, gibt freundlich Auskunft. Deutsch habe sie in der Schule gelernt. Sie spricht nur, wenn wir fragen. Sie weiß: Menschen brauchen in einer Kirche Ruhe, Konzentration, keine Ablenkung. Doch es ist schwer, nach dem bunten Kaleidoskop des Bordprogramms wieder zur Ruhe zu kommen.
Ich denke: Schade, daß wir uns als Gruppe, die sich nun seit zwei Wochen kennt, nicht einfach in die Bänke setzen und einen Psalm lesen können. Oder ein Gebet sprechen. Diese Art von Gemeinschaft fehlt mir. Aber was erwarte ich denn? Es ist ja keine Pilgerreise. Trotzdem bin ich traurig.
Die Kirche ist wunderschön, ohne jeden Prunk. Der einzige Schmuck sind zwei Messingleuchter, die von den Querstangen des Gewölbes herabhängen. Lange weiße Kerzen. Der Raum hat ein angenehm mildes Licht: olivgrün, grau und weiß sind die Farben. Und eben diese Farben sind noch einmal da – in den Stämmen und Zweigen der Birken, die ganz dicht hinter dem großen Fenster stehen.
Einem Fenster aus einfachem Glas, das sich – in Kopfhöhe – wie ein Fries über die ganze Wand hinzieht. So gehören Innen und Außen zusammen. Ein Wort Hugo von Hofmannsthals fällt mir ein: „Wenn das Haus durchsichtig wird, gehören die Sterne mit zum Fest."
Ich gehe in den Altarraum – auch ich laufe herum. Auf dem Altar steht ein weißes Holzkreuz mit einem weißen Christus. Darunter eine Inschrift: „Det er fulbragt." „Es ist vollbracht." Jesu letztes Wort am Kreuz nach dem Johannesevangelium.
Ganz tief fällt dieser Satz in mich hinein und tröstet mich: Was immer mir nun gerade fehlt, wie sehr ich unter manchen Dingen leide – es ist vollbracht! Gott *hat* seine Welt und seine Menschen erlöst. Alles Wesentliche

ist geschehen. Ein Gefühl des Glücks steigt in mir auf. Wir wollen gerade gehen, da kommt unser Bar-Pianist in die Kirche. Als er mich sieht, sagt er: „Ich gehe auf jeder Reise immer in eine Kirche. Wenn möglich, gehe ich. Immer. Ich brauche das."
Er steigt die Treppe zur Orgel hinauf. Das Mädchen nickt ihm zu. Er darf spielen. Und Ali spielt, als wäre es seine Orgel und seine Kirche. Er spielt: „Großer Gott, wir loben dich, Herr, wir preisen deine Stärke. Vor dir neigt die Erde sich und bewundert deine Werke..."
Immer wieder spielt er, bis die Registrierung stimmt. Wir haben uns hingesetzt. Verstreut sitzen wir in den Bänken, irgendwo. Keiner spricht mehr. Eine Frau wischt sich mit dem Handrücken eine Träne weg. Die Frau des Zauberkünstlers macht das Kreuzeszeichen. Sie betet.
Als Ali wieder herunterkommt, ist er ganz still. Ergriffen sagt er: „ Daß *ich* in einer Kirche spielen darf... das ist das Höchste... das ist so schön!" Als Dank legt er einen Geldschein in den Kollektenkasten und gibt dem Mädchen einen Kuß auf die Stirn. Und wieder denke ich: „Dieser ging hinab gerechtfertigt!"
Was ich mir wünschte – einen Psalm zu lesen und zur Ruhe zu kommen –, aber nicht schaffte, das gelang ihm mit seinem Orgelspiel. Die Gruppe ist wie verwandelt. Schweigend gehen wir zum Strand hinunter, sammeln ein paar Muscheln und Schnecken, Seeigel-Panzer, Steine. Es ist ganz windstill. Der aufgespülte Korallenkies leuchtet weiß in der Nachmittagssonne.
Und als wir abends an der Reling stehen – oder ist es schon Nacht? Man verliert bei so viel Licht die Zeitorientierung –, da sehen wir am Himmel ganz blaß den ersten Stern. Wieder denke ich: Wie sehr gehört all dies – das Meer, der Himmel, Sonne und Sterne – zu unserer Reise. Und wieviel mehr noch sind Gottes Reden, seine freundliche Zuwendung das eigentliche Fest.

Wenn ich dich anrufe …

22. Juli. Ein Seetag

Wir nehmen Kurs auf Hellesylt und den Geirangerfjord. Morgen früh um acht werden wir da sein. Es ist immer noch windstill, Seestärke 1. Unser Schiff bohrt sich unbeirrbar und gleichmäßig wie eine Fräse durch das Wasser, das träge unter uns liegt. Von der Küste ist nichts zu sehen – so weit haben wir uns vom Land entfernt. Trotzdem kommen Möwen. In großen Bögen folgen sie uns. Einige lassen sich auf der Reling nieder. Ganz gelassen sitzen sie da. Der gebogene, leuchtend gelbe Schnabel gibt ihnen etwas Überhebliches. Ihr Gefieder ist glatt, nichts von Überlebenskampf. Fische sind im Überfluß da.

Sie kommen, weil sie das Schiff entdeckt haben, und nehmen das in die Luft geworfene Brot aus Höflichkeit und Gewohnheit. Hunger haben sie nicht.

Gegen vier Uhr gibt es Tee und Kaffee in den Restaurants. Mir ist nach viel heißem Kaffee zumute. Unserem italienischen Sänger offenbar auch. Er sitzt an einem kleinen Tisch in der Nähe des Kuchenbuffets. Als er mich sieht, winkt er und zieht den Stuhl neben sich ein wenig heraus.

„Was ich noch sagen wollte …" Er umfaßt seine Kaffeetasse mit beiden Händen. „Ich hätte nie gedacht, daß mich ein Text so beschäftigen könnte. Ich meine den Psalm … Welcher war es noch? Richtig, der 138., den ich heute morgen gelesen habe – für die Silberhochzeitsleute. Ich habe mich die ganze Nacht damit beschäftigt. Das hat mich schon fasziniert … Ja, da müssen wohl erst ein paar Leute Silberhochzeit feiern, damit man mal wieder 'ne Bibel in die Hand kriegt. Wissen Sie, das

Merkwürdige ist ja, daß man bei diesen alten Texten immer das Gefühl hat: Das ist zu *dir* gesagt, nicht? ‚Wenn ich dich anrufe, so erhörst du mich und gibst meiner Seele große Kraft!' Das ist doch großartig! Oder: ‚Wenn ich mitten in der Angst wandle, so erquickst du mich …'"
Mir fiel wieder ein, wie stark er heute morgen das „Ich" betont hatte. Er hatte auch mit einem Bleistift manches dick unterstrichen. Weil es die Schiffsbibel war, mußte ich es wieder ausradieren. Ich hoffe, daß es in seiner Seele bleibt. Ihm, der aus Freundlichkeit anbietet, in diesem Gedenkgottesdienst zu lesen, kommt Gottes Freundlichkeit so entgegen.

23. Juli

Um acht Uhr morgens soll die Ausbootung in Hellesylt beginnen. Deswegen treffen wir uns eine Viertelstunde vorher in der Kapelle. Wir wollen für den Abendgottesdienst beten. Herr und Frau Kemper sind schon da. Unsere Organistin und ihr Mann kommen etwas später. Herr Kemper hat gerade begonnen, ein Morgengebet zu lesen, da werden wir durch den Lautsprecher unterbrochen: Alle Passagiere mit der roten Landgangkarte sollen zur Gangway kommen. Das ist ihre Farbe. Sie zögern. Dann heißt es: „Diese Durchsage gilt nur für die Teilnehmer an der Wanderung. Die Gäste für die Bustour bitte zehn Minuten später!"
Herr Kemper sagt: „Danke, Herr!", und wir beten weiter. Das hat mich tief berührt. Für Kempers ist es das erste Mal, daß sie die norwegische Berg- und Gletscherwelt sehen, aber das Gebet ist ihnen im Moment wichtiger, die Freude im Gegenwärtigsein vor Gott. Dann stehen beide auf. Wir geben uns die Hand. „Friede sei mit dir!" Sie nehmen ihre Taschen und gehen in aller Ruhe zum

Ausgang. „Trachtet zuerst nach dem Reich Gottes“, sagt Jesus, „dann wird euch alles andere zufallen.“
Ich bleibe heute auf dem Schiff, weil ich diesen Ausflug schon einmal gemacht habe. Außerdem muß ich den Abendgottesdienst um 18.00 Uhr vorbereiten. Gegen halb sechs gehe ich in die Lounge. Ich lege die fotokopierten Liedzettel auf die Sessel. Die Bühne, vor der unser Altartisch aufgebaut wird, ist noch besetzt. Ein portugiesischer Musiker probt seinen Part. Jetzt ändert er noch etwas an den Noten. Er raucht, trinkt von seinem Kaffee. Neben ihm steht eine Pizza, halbgegessen. Ich sage vorsichtig: „Gleich, um sechs Uhr, haben wir hier Gottesdienst!“
„Null problemo!!!“
Er spielt weiter, ganz ohne Hast. Irgendwann hört er dann doch auf. Ein fliegender Wechsel. Ich komme mir vor wie ein Schausteller. Schnell wird umgeräumt. Die Organistin hilft mir, Blumen und Kerzen hinzustellen. Herr Menz holt Gesangbücher und Kruzifix aus der Kapelle.
18.00 Uhr. Das letzte Tenderboot kommt gerade erst vom Land zurück. Die Busse hatten eine Stunde Verspätung. Das kommt vor, wenn die Wege schlecht und die Foto-Stops zu lang sind.
Einige Passagiere sind noch in ihrer Ausflugskleidung, sie wollen den Gottesdienst nicht verpassen. Atemlos und erschöpft kommen sie herein. Ich schlage vor, daß wir eine halbe Stunde später anfangen, damit sie sich duschen und umziehen können. Außerdem findet gerade jetzt das Wendemanöver im Fjord statt. Ich ermuntere auch diejenigen, die schon dasitzen, noch einmal aufs Deck zu gehen.
„Aber kommen Sie wieder! Ich vertraue Ihnen!“
Pünktlich wie eine Schulklasse kommen sie zurück. Wir haben einen schönen Gottesdienst.

Eiswürfelzange und Briefe

24. Juli

Wir liegen an der Pier in Bergen. Eine Stadt, die berühmt ist wegen ihres Regens – an dreihundert Tagen im Jahr regnet es. Aber heute scheint die Sonne. Über Mittag will ich in die Stadt gehen und für die Kinder ein paar Geschenke auf dem Fischmarkt kaufen. Vielleicht auch telefonieren.
Ich kaufe einen antiken Stempel für Susanne, Miniaturwerkzeug für Micha und Ohrringe für Isabelle. Sie hatte mir für jeden Tag der Reise eine kleine Überraschung mitgegeben: einen Brief oder ein Foto, ein Stück Schokolade und ein längliches Päckchen mit der Aufschrift „Für einen Eisschollen-Tag!"
Als ich es auf Spitzbergen öffnete, lag eine Eiswürfelzange drin. Ich habe sie natürlich an Ort und Stelle eingeweiht, kleine Eisstücke aus dem Wasser gefischt und an den Strand gelegt.
Nach dieser Premiere kann die Zange nun Hamburger Tiefkühl-Eiswürfel in jedes beliebige Glas fallen lassen. Es mag kostbarere Eiswürfelzangen geben, aber kaum eine war auf Spitzbergen!
Bei wirklichen Eisschollen hätte sie wohl nicht viel genützt, aber wie lieb, mir für den „Notfall" etwas mitzugeben. Für die letzten Tage war Isabelle nichts Neues mehr eingefallen. Deshalb hatte sie eine kleine Tafel Schokolade in einen Umschlag gesteckt und dazugeschrieben: „Guten Morgen, Mammie! Hast Du gut geschlafen, oder bist Du seekrank? Ich hatte nichts Besonderes mehr. Deshalb kriegst Du dies hier – es ist ohne großen Wert! Ich freu mich schon auf Dich und auf unsere Ferien. Komm bald! Isi."

Ach, Isi, wie kann es denn „ohne Wert" sein, wenn du mir einen so süßen Brief schreibst? Und die Schokolade? Wenn du wüßtest! Gerade heute morgen habe ich beim Frühstück gesagt, daß ich so gern mal wieder Schokolade hätte. Aber weil das ein zu kindlicher Wunsch ist, wird er auf Luxusschiffen nicht geäußert und nicht erfüllt. Ich danke dir, mein Schatz! –

Nach dem Lunch gibt es Kaffee an der Bar. Manchmal trinke ich ihn dort. Ina, unsere schwedische Krankenschwester, sitzt auch da. Wir haben uns kaum gesehen auf der Reise.

„Hatten Sie viel Arbeit? Gab es viele Kranke?" frage ich sie.

„Ach nein, eigentlich nicht. Keine Schwerkranken, das hätte ich Ihnen gesagt. Ein paar Erkältungen. Zwei Armbrüche. Die meisten sind nicht krank, sie sind einsam. Sie kommen und sagen: Der Magen tut weh oder der Kopf! In Wirklichkeit ist es das Herz. Sie fühlen sich so allein und sind enttäuscht. Zuerst hoffen sie – die alten Damen meine ich, die Witwen und die Singles –, daß sie einen Menschen finden, einen Lebenspartner vielleicht. Aber dann merken sie nach der Hälfte oder im letzten Drittel der Reise, daß es damit nichts wird. Sie sehen die vielen Ehepaare und fühlen sich noch einsamer. Sicher, manchmal gibt es Bekanntschaften. Aber ich glaube: weit mehr Enttäuschungen."

Als Ina von Enttäuschungen spricht, denke ich wieder an die Geschichte mit Frau Meinerts, die uns 24 Stunden lang in Atem hielt. Derick hätte den Fall vielleicht schneller gelöst. Frau Meinerts gehörte zu den Reichen und machte keinen Hehl daraus. Ich hatte sie gelegentlich bei Konzerten gesehen, wenn Juan, unser spanischer Pianist spielte. Sie mochte klassische Musik. Gestern morgen ließ uns Frau Meinerts wissen, daß ihr seit dem Vorabend – seit sie mit „diesem Pianisten" am Tisch gesessen hätte – ein Goldarmband fehle. Vermutlich habe sie daran herumgespielt, und dann habe es wohl den Besitzer gewechselt. Die Sache sei ganz eindeutig, die Frage nur, was die Schiffsleitung jetzt tun werde...

Ich schlug ihr vor, noch einmal in der Kabine zu suchen; vielleicht sei es nur verlegt. Oder beim Fundbüro zu fragen.

„Nein, nein, nicht nötig. Ich weiß, wo mein Armband ist... Er hat die Chance genutzt, ist doch klar..."

Juan war ganz verändert; er wirkte vernichtet.

„Was ist denn da passiert mit der Frau Meinerts?" fragte ich ihn.

„Nichts, gar nichts! Alles erfunden und erlogen! Unverschämt ist es. Sie hatte mich zu einem Glas Wein eingeladen. Kann man ja nicht ablehnen. Wir saßen an einem der kleinen Tische da drüben am Fenster. Na ja, nach dem dritten Glas – es war ja auch schon spät – bin ich dann aufgestanden und habe ihr eine gute Nacht gewünscht. Sie war enttäuscht. Du liebe Zeit, was hatte sie sich denn erhofft? Ich bin in meine Kabine gegangen. Das war alles. Und nun redet das halbe Schiff von diesem verdammten Armband... Meinen Ruf hat sie ruiniert, und das will sie ja auch..."

Kreuzfahrtdirektor und Kapitän ermittelten. Juan wurde befragt, Augenzeugen gesucht, Frau Meinerts unter die Lupe genommen. Es war nichts zu beweisen, aber der Verdacht hing in der Luft. Keiner traute es Juan zu, doch er war tief verletzt. Er zog sich in seine Kabine zurück und meldete sich krank, Depressionen. Ich begriff nicht, warum er nicht kämpfte. Sein Verhalten lenkte doch den Verdacht auf ihn!

Am Spätnachmittag teilte Frau Meinerts mit, sie habe das Armband gefunden. Wo? Im C-Deck, zwischen den Kabinen der Künstler. Jemand habe es dort wohl ganz unauffällig fallenlassen. Nun ja, jedenfalls sei es wieder da. Ein bedauerlicher Vorfall; so etwas könne man keinem Schiff wünschen! Sie lächelte, als ich sie traf. Aber es war kein schönes Lächeln. Und die Traurigkeit, die auf Juan gefallen war, lastete noch immer auf ihm. Am Abend spielte er wieder. Der Vertrag mußte eingehalten werden. Sein Spiel war korrekt, aber tot. Ohne jeden Glanz.

Ina und ich trinken noch einen Kaffee. „Noch drei Monate", sagt sie, „dann muß ich wieder an Land. Zurück ins normale Leben. Ich werde wieder in Stockholm arbeiten. Vielleicht gehe ich auch noch einmal an die kambodschanische Grenze zurück, dort wird man wirklich gebraucht. Aber länger als sechs Monate hält man es nicht aus. Wir waren in einer Baracke notdürftig untergebracht, es zog überall, die Versorgung klappte nicht. Aber das Schwere war, ständig junge Menschen vor Augen zu haben, die durch Minenexplosionen ein Bein – oder beide Beine – verloren haben oder das Augenlicht. Schwerverletzte Kinder... Vielleicht werde ich doch wieder hingehen. Die Zusammenarbeit im Team war hervorragend, und Stan ist ein guter Arzt."

„Stan?... Hat er früher in Papua Neuguinea gearbeitet, im Goroka-Base-Hospital?"

„Ja, davon hat er mir erzählt!"

Wie klein die Welt ist. Auch ich kenne Stan. Er ist wirklich ein guter Arzt.

Der letzte Tag auf dem Schiff

25. Juli

Heute sind alle früh aufgestanden. Die Pflichtbewußten und die mit den schwächeren Nerven packen bereits. Andere wollen den Tag noch ganz genießen, sich noch cinmal verwöhnen und bedienen lassen, die Bräune vervollkommnen…

Auch ich kann erst nach dem letzten Gottesdienst an meine Koffer gehen. Für den Talar und die Bücher brauche ich den meisten Platz. Der Rest ist schnell gepackt. Die Steine werden ein Problem sein. Der Rosenstrauß des Conferenciers.

Als wir noch einmal an der Reling stehen und auf das Meer hinaussehen, sagt eine Frau: „Mit dem Wetter hatten wir Glück! Das kommt bestimmt, weil Sie dafür gebetet haben!"

Ich muß gestehen, daß sich meine Gebete nicht in erster Linie auf das Wetter bezogen. Eher darauf, daß die Menschen hier auf dem Schiff Gottes Wort hören, daß Gott selbst ihnen begegnen möchte. Und dafür sind Regen oder Nebel am günstigsten. Am ungünstigsten sind Sonne und die Ausfahrt aus einem Fjord. Ich habe gestern abend jeden bewundert, der trotzdem zum Gottesdienst kam. Aber wer weiß, wo und wie Gott mit Menschen redet.

Beim Abschiedsgottesdienst, morgens um zehn, ist die Lounge fast voll. Einige der Passagiere und zwei aus der Künstler-Crew lesen Texte und Gebete. Wir alle sind dankbar für diese Reise, für Gottes Bewahrung, für die Herrlichkeit der Schöpfung, die wir gesehen haben. Für Menschen, die Freunde wurden.

Zum Abschied lese ich das Wort von der offenen Tür aus Offenbarung 3. Die Tür zu Gott bleibt offen, auch wenn wir nun von der Weite des Meeres und so großer Landschaft wieder in die begrenztere Welt unseres Alltags gehen. Jesus sagt: „Siehe, ich habe vor dir eine Tür geöffnet, die niemand mehr zuschließen kann." Eine Verheißung für jeden Tag.

26. Juli

Die Rechnungen und Trinkgelder sind bezahlt. Der zweite Koffer ließ sich trotz der Steine schließen. Das Gepäck ist schwer, aber ich habe Glück: Mein Mann holt mich in Bremerhaven ab. Isabelle ist auch mitgekommen.
„Hallo, Mammie! Guck mal, wir haben eine Marienkäferplage! Das ganze Auto ist voll. Die Straßen auch. Meinst du, das bedeutet Glück?"
„Bestimmt! Zum Beispiel das Glück, daß wir wieder alle zusammen sind."
„Wenn du das so schön findest, warum fährst du dann überhaupt weg?"
„Weil es so schön ist, wieder nach Hause zu kommen! Ich freue mich schon, heute mittag wieder selbst zu kochen. Pellkartoffeln und Quark!"
„Das hatten wir gestern gerade!"
„Na, dann Spaghetti mit Soße und viel Käse!"
„Ja, gut!"
Also doch Glück!
Als wir durch den Elbtunnel fahren und die wichtigsten Neuigkeiten ausgetauscht haben, sagt mein Mann: „Ach, übrigens ... ich traf neulich Frau Hansen, als wir im Supermarkt fürs Wochenende einkauften. Da habe ich sie einfach gefragt, ob wir nicht mal versuchen könnten, etwas freundlicher miteinander zu sein. Das

würde doch vieles erleichtern ..." Sie war ganz aufgeschlossen und erzählte mir, daß sie einen Brief von dir bekommen habe und daß ihr euch demnächst mal in einem Café treffen wollt. Sie schien sich zu freuen."
Ich war sprachlos. Manchmal hilft es, weit wegzufahren, um sich näher zu kommen. Und Wunder sind wohl auch nach vielen Jahren Streit noch möglich. Diese Reise mit dem Luxusliner war kein Luxus, sie war notwendig. Eine Reise voller Wunder.

Bücher von Hanna Ahrens

Und manchmal liegt im Abschied ein Geschenk
96 Seiten. ABCteam-Geschenkband
3. Auflage

Worte, die den Tag verändern
64 Seiten. ABCteam-Geschenkband.
5. Auflage

Die kleinen Hindernisse
64 Seiten. ABCteam-Geschenkband.
2. Auflage

Augenblicke des Glücks
112 Seiten. ABCteam-Geschenkband
2. Auflage

Das Herz hergeben
oder: Wie Leben gelingen kann
112 Seiten. ABCteam-Paperback. 3. Auflage

Feste, die vom Himmel fallen
96 Seiten. ABCteam-Taschenbuch. 3. Auflage

Schenk mir einen Regenbogen
96 Seiten. ABCteam-Taschenbuch. 6. Auflage

Der kleine Stern von Bethlehem
12 Seiten. Geschenkheft. 5. Auflage